CB137256

EDITORA DO CONHECIMENTO

Auxiliando a humanidade a encontrar a Verdade

Francisco de Assis
Tina Glória

Todos os direitos desta edição reservados à
CONHECIMENTO EDITORIAL LTDA.
Rua Prof. Paulo Chaves, 276 – Vila Teixeira Marques
CEP 13480-970 — Limeira — SP
Fone/Fax: 19 3451-5440
www.edconhecimento.com.br
vendas@edconhecimento.com.br

Ilustrações: **Tina Glória**
Revisão: **Mariléa de Castro**
Projeto gráfico: **Sérgio Carvalho**

ISBN 978-65-5727-083-7
1ª Edição – 2021

• Impresso no Brasil • Presita en Brazilo

Produzido no departamento gráfico da
Conhecimento Editorial Ltda
grafica@edconhecimento.com.br

Dados Internacionais de Catalogação na Publicação (CIP)
Angélica Ilacqua CRB-8/7057

Glória, Tina
Francisco de Assis / Tina Glória — Limeira, SP : Editora do Conhecimento, 2021.
64 p. il.

ISBN 978-65-5727-083-7

1. Literatura infanto juvenil 2. Francisco, de Assis, Santo, 1182-1226 - Literatura infanto juvenil I. Título

21-0505 CDD – 028.5

Índices para catálogo sistemático:
1. literatura infanto juvenil - São Francisco de Assis

Tina Glória

Francisco de Assis

1ª edição - 2021

EDITORA DO CONHECIMENTO

Prefácio

Através dos personagens, Lia e seu amigo Aster, a autora nos faz retroceder à época do querido São Francisco. Nela vivenciamos o amor, presente em Francisco e sua relação com Deus.

A autora expressa, mais uma vez, o aspecto educativo e respeitoso que deve haver entre humanos e o meio ambiente.

A estória permite que se vivencie a magia da relação de São Francisco com outros reinos da Natureza como também a sua resignação nos revezes que lhe aparecem.

A obra também nos mostra que através da devida atenção e carinho se pode levar a criança a expressar seus potenciais sentimentos e também a diminuição da influência da tecnologia em sua vidas. São levadas a vivenciar a beleza do mundo real. Esse é um dos muitos aspectos que toda criança deveria percorrer.

Além do texto e das belas ilustrações, o livro convida a todos, crianças, pais e educadores a despertarem para a ação participativa e consciente que nosso planeta tanto precisa.

Na volta de seu "sonho" a personagem Lia se encontra com a alegria da vida familiar e da sabedoria de sua avó e aí, mais uma vez, a surpresa começa a aparecer e envolver a todos.

Ótima viagem a todas as crianças.

Felício S. Neto

Numa cidade não muito grande, morava uma jovem que costumava ver coisa que ninguém vê... dessas pessoas que olham tudo por onde passam; nuvem, sol, árvore, bichos voando, bichos rastejando, que prestam atenção nos sons que ninguém percebe - os sons do vento.

E também dessas pessoas que choram nos noticiários que mostram gente sofrendo, florestas queimando. Ou que vibram nas notícias de gente inventando coisas novas ou ajudando os outros...

Se você também é assim, vai acreditar em muitas coisas que serão contadas nesta história...

Lia morava num sobradinho perto do centro da cidade, com uma família de coração. Aquela família pela qual você é adotado por puro amor mesmo.

Na escola, queria estudar os bichos, as plantas, o mar, as montanhas...saber por que a tempestade é enfurecida e muda tudo por onde passa e por que as nascentes brotam no meio das pedras...Tudo o que vem da natureza era assunto pra mais de um dia com Lia.

E como você sabe, quem sabe tudo de natureza e a ama, quer defender e proteger. Então...Lia era daquelas pessoas que estavam sempre defendendo as árvores, abrigando os bichos e brigando com quem teimava em maltratar algum ser vivo.

Mas aconteceu que, um dia, voltando da escola, num final de tarde, passou em frente a uma bela árvore, bem frondosa, para ver uma algazarra de passarinhos que vinha dali de dentro, de sua copa: pardais, sanhaços, bem-te-vis, cambacicas, joões-de-barro, que causavam uma explosão de cor e alegria ali dentro daquela povoada copa...

Lia olhava aquilo, ali, parada e via as pessoas passando, olhando em seus celulares, ou apressadas, ou pensando no que comeriam no jantar..., mas...puxa...e a menina olhava o pôr-do-sol, com aqueles raios magníficos que transpassavam as folhas da árvore transformando tudo num espetáculo inesquecível e... puxa! Ninguém percebia?

E em cada cantinho, em cada galho, um ninho, um pássaro, um inseto...quanta vida! E como o sol pintava o céu com brilhos e cores infinitas, com matizes que nenhum pintor jamais conseguiria alcançar...

Lia abaixou a cabeça e continuou caminhando e lembrou que, em baixo de seus pés, sob o asfalto, existia a terra! Um solo compactado e abafado, escuro...e sabia que ele sentia falta das minhocas, do verde, do ar e da luz... E, quantos riachos e córregos deviam ter sido tampados e esquecidos...transportando esgoto em vez de peixes...

O caminho de Lia para casa percorria uma parte da praia,

e ela sabia que aquele imenso azul-esverdeado não era só um manto, mas um berço de milhares de espécies de animais e plantas aquáticas que o enchiam de vida e beleza!

Assim como o céu, quando o olhamos, parece um grande tecido de cetim azul, mas é também infinito, onde, numa nave de pensamento, percorremos estrelas e galáxias por anos e anos, vidas e vidas sem nunca terminar!

Sim, Lia via tudo isso e sua felicidade de ver lhe trazia uma paz infindável, uma alegria constante: quase uma euforia mesmo, que ela não compreendia.

Tudo aquilo lhe trazia confiança, proteção e esperança. Sentia-se fazendo parte do mundo e por isso nunca se sentia sozinha... Em tudo aquilo, sentia ainda uma grande Presença.

Chegando em casa, contou tudo isso para sua vó Lilina, que a amava e admirava, ouvindo com atenção suas histórias de aprendizado e descobertas. Dona Lilina adorava tudo isso e tinha orgulho de sua neta pois eram mesmo muito parecidas! Colecionava livros e livros e ler era sua grande atividade desde pequena.

Depois da conversa foram jantar e, mais tarde, Lia se recolheu para o quarto.

Antes de dormir, olhou para a janela aberta onde ainda sentia a brisa do mar... lá fora, as estrelas silenciosas piscavam distantes.

Pensava nas coisas que estão acontecendo com a natureza...desmatamentos, queimadas, tráfico de animais...e que nosso belo planeta não merecia ser tratado assim... e imaginava se lá no espaço moravam outros seres...em mundos distantes... Será que eles viviam em harmonia, em paz uns com os outros, protegendo a natureza de seus planetas?

Foi fechando os olhos sentindo o sono chegar bem devagar...quando, de repente, uma voz começou a dizer:

— "Um dia, o ser humano vai entender o valor de toda a criação. Vai amá-la e protegê-la para sempre..."

Mesmo com sono, abriu os olhos e viu uma imagem à sua frente. Achou que estava sonhando e esfregou os olhos, mas a voz continuou...

— "O homem deveria sentir pela Terra muito amor e respeito, agora, mais do que nunca!"

Então viu um rapaz bem alto, que brilhava, irradiando a luz pelas paredes do quarto. Ela se perguntava se ele era um anjo, um extraterrestre, um santo...e imediatamente, como se pudesse ler seus pensamentos ele respondeu:

— Não se assuste, irmãzinha, sou Aster: estamos em família!

Então começaram a conversar e, enquanto ele falava suavemente, ela via imagens como num filme. E o que mais tocou seu coração foi quando ele falou assim:

— "*As criaturas devem ser amadas pelo que são e não por sua utilidade*".

Muito admirada, continuou ouvindo suas palavras.

—" *Se o homem souber amar, jamais causará mal a nenhum ser, ao planeta, que é seu lar, aos seus irmãos e irmãs...esta é a grande verdade de Deus*".

— Puxa! Como é que você, assim, tão jovem, pode saber tantas coisas tão belas? — perguntou ao rapaz.

— Bem, hehe, não sou tão jovem e estes, são pensamentos de São Francisco de Assis, o Pobrezinho de Deus...

...os livros de história deveriam contar mais sobre essas grandes figuras humanas que tantas obras magníficas nos deixaram.

Mas, na verdade, a nossa história verdadeira começou nas estrelas...

Dizendo isto, ele começou a se erguer do chão... estendeu suas mãos para Lia e em seus olhos, ela viu milhões de estrelas no espaço infinito. Em menos de um segundo, olhou novamente o quarto e este havia sumido: estavam no meio do universo infinito, onde se podia ver as estrelas como são - coloridas e de variados tamanhos. Nebulosas exuberantes, planetas, asteroides estavam em volta deles...

Lia olhou a Terra lá embaixo e viu que ela estava girando a uma grande velocidade!

— Agora estamos voltando no tempo — disse Aster cal- mamente.

— Voltando no tempo? Como assim?! Como podemos voltar no tempo?

Ela perguntou confusa porque sabia que nenhum cientista ainda havia conseguido provar que podemos viajar no tempo. E Aster mais uma vez respondeu:

— Acalme-se, menina, o tempo de Deus é diferente do tempo do mundo!

Depois a Terra voltou a girar bem devagar e eles foram descendo e Lia viu as paisagens lá embaixo bem diferentes...casinhas muito simples, de terra e pedras... pessoas com roupas esquisitas, compridas, também bem simples.

Lia e Aster viram uma grande árvore por cima, sua copa era bem verde e frondosa com muitos passarinhos fazendo uma algazarra; como a árvore que ela tinha visto em sua cidade. Pareciam estar acordando pois no céu já se viam os primeiros raios de sol.

Lia e Aster pousaram suavemente numa pequena colina. O céu, ainda estrelado, trocava de cores... Então um homem apareceu sobre a colina, contra a luz do sol que se erguia. Ele parou, com os braços levantados e, ao seu redor, vieram dezenas de pássaros cantando...

Eles o ouviram cantar:

"Louvado sejas, meu Senhor,
no conjunto de todas as criaturas,
especialmente o senhor, irmão sol,
pois ele é dia
e nos ilumina por si.
E ele é belo e radiante com grande esplendor.
E porta teu sinal, ó Altíssimo."

Ele veio caminhando em sua direção e puderam ver seus traços. Era um homem gracioso como um pássaro; cabelos pretos, face de linhas suaves e serenas.

Então, alegremente ele os saudou:

— Bom dia, queridos irmãos, que a Paz do Senhor esteja com vocês!

Ao vê-lo assim, bem na sua frente, Aster gritou:

— São Francisco! São Francisco de Assis!

Eles logo se apresentaram como pobres filhos de agricultores. Com muita bondade, São Francisco lhes ofereceu água e os convidou a caminhar com ele dizendo que todos nós somos muito importantes para Deus. desde o mais humilde agricultor.

Mais à frente, mostrou um pequeno bando de passarinhos, que procuravam insetos e larvas na terra.

— Olhem só os nossos irmãos passarinhos! — disse ele — Não são doutores em filosofia, nem sabem ler, escrever ou fazer cálculos matemáticos, mas em sua simplicidade e sabedoria natural, nos ensinam muitas coisas! O que acham?

Eles riram e ficaram observando como elas se comunicavam entre si, procuravam alimento com paciência e atenção aproveitando tudo o que podiam e perceberam que se ficassem ali mais algum tempo, logo descobririam outras tantas lições que elas, sem saber, estariam ensinando...

E lá ia São Francisco pelo caminho cantando:

—" *Sou parte do sol, como meu olho é parte de mim.*

Sou parte da terra, meu pé o sabe muito bem, e meu sangue tem o mar e é parte do mar".

Minha alma sabe que sou parte da raça humana, e é parte da grande alma humana.

Minha mente é o reflexo do sol na superfície das águas"

Francisco adorava cantar, e tinha voz suave e sempre compunha músicas.

Em sua cidade, Assis, ele lhes contou que seu nome era Giovanni di Pietro di Bernardone e lá conheceram seu pai, Pietro Bernardone. Ele não concordava com as atitudes de seu filho. Numa tarde, Francisco, na praça central discutiu com o senhor Pietro, que reclamado ao bispo sobre ele, dizia que estava esbanjando seu dinheiro pois construía igrejas em todo lugar!

Francisco tentou convencer seu pai e o bispo sobre sua divina missão, que Deus havia pedido a ele que "reformasse as igrejas". Mas Francisco não sabia discutir. Então, de repente, surpreendendo a todos, tirou as roupas no meio da praça e devolveu-as a seu pai. O bispo o cobriu com a própria capa e Francisco disse:

— De agora em diante posso dizer com liberdade: "Meu pai é o que está no céu; e não mais Pietro Bernardone, a quem devolvo não só o dinheiro, mas também minha roupa".

A partir daí, Francisco iria começar sua nova vida, dedicada aos necessitados, ajudando-os e falando a todos sobre as maravilhas de Deus. Ele entendeu que Deus havia pedido a ele outro tipo de reforma da igreja...

Lia e Aster continuaram acompanhando aquele homem especial e, em cada cidade que chegava, São Francisco fazia muitos amigos. Alguns deles gostavam do seu modo de vida e o seguiam. Ele batizou seu pequeno grupo de seguidores de Frades Menores.

Um dia, São Francisco foi a até o papa para pedir autorização para criar sua ordem. Mas o papa, ao ouvir suas palavras, ficou admirado com sua humildade e santidade! Não queria joias e riquezas, apenas servir e trazia um novo modo de vida, baseado na liberdade dos frades e na simplicidade. Sua grande frase era:

"*É esquecendo-nos que nos encontramos*." E quanta verdade havia nessas palavras!

Lia lembrava-se das maravilhas que existem no mundo e que ela enxergava...e não entendia por que as pessoas querem tantas coisas se tudo o que precisamos é aprender a enxergar a simplicidade com amor.

Continuaram caminhando e chegaram a uma plantação onde alguns agricultores lavravam a terra. São Francisco os cumprimentou e depois disse-lhes:

— Queridos irmãos; eu lhes peço que deixem algumas partes de mato para preservar os animais e as plantas que vivem aí!

E os agricultores o olharam espantados, mas concordaram em atendê-lo. Aster disse à Lia:

— Veja só, minha querida, como já naquele tempo esse maravilhoso homem já pregava a ecologia, já entendia sobre a harmonia da natureza e suas necessidades! E, ainda hoje, em nosso tempo, como seria maravilhoso que ele andasse em meio aos agricultores e os fizesse entender, através de suas canções, o valor da mata preservada em suas terras...

São Francisco disse assim:

— A terra é nossa grande, antiga e santa mãe.

E logo foi caminhando e foi recitando esses versos:

"Louvado sejas, meu Senhor,
por nossa irmã e mãe terra,
que nos alimenta e
governa
e produz variados frutos
e coloridas flores e ervas..."

E onde via flores, ia cantar para elas. E para as abelhas, lobos e ovelhas...

São Francisco chamava a todos de irmãos e irmãs. Para ele, eram todos iguais diante de Deus, dividindo esta bela terra, pisando e semeando este chão, respirando este ar....e compartilhando a água e o calor do sol.

Lia sentia-se mesmo em família com ele...pois tudo em que acreditava estava refletido naquele irmãozinho.

Mais à frente, encontraram uma pequena lebre presa numa armadilha. Lia e Aster ajudaram Francisco a libertá-la. Depois ela foi seguindo atrás deles, bem junto ao calcanhar de São Francisco.

Caminhando com delicadeza por sobre as rochas e pelo mato, São Francisco ia retirando da trilha os insetos e larvas para que não fossem pisados. Ele disse:

—Todos os seres são iguais e se acharmos que somos melhores que qualquer criatura, nos afastamos dela e de nós mesmos...

A noite foi chegando e eles procuraram um lugar para descansar e dormir.

Aster, com seus dons mágicos, fez nascer uma fogueira para iluminar e aquecer.

Francisco, que procurava gravetos um pouco distante dali, viu o começo do fogo e veio correndo trazendo os gravetos para abastecê-lo, como se o fogo fosse uma criança no frio...

Colocou os pedaços de lenha cuidadosamente, aos poucos, sobre o fogo e quase que sussurrando, recitou com doçura:

— *"Louvado sejas, meu Senhor,*
pelo irmão fogo,
pelo qual iluminas a noite;
e ele é belo e alegre
e vigoroso e forte."

Lia via aquele homem divino chamando até mesmo o fogo de irmão e lembrava do futuro em que vivia... onde não se usava mais o fogo para iluminar as noites, mas sim a eletricidade que chega através dos rios, aprisionados pelas hidrelétricas. A eletricidade também é nossa irmã... pensou ela.

Na natureza, chega através dos raios vivificando a terra para as plantas, renovando a energia para nossa alma.

Na manhã seguinte, Lia e Aster acordaram com São Francisco chamando ao longe. Ele estava à beira de um lindo riacho que nascia numa cachoeira, rodeada de árvores carregadas de frutas apetitosas e frescas.

São Francisco sentou-se em oração perto da água e recitou outro verso em agradecimento a ela:

— Pela irmã água.
a qual é muito útil e humilde,
e preciosa e casta" ...

Lia, comovida pela oração do nosso santinho, disse baixinho a Aster:

— Quem dera, em nosso tempo, todos tratassem a água com esse grande amor e respeito, não é?

— Sim, Lia, — respondeu ele — pois ela é cheia da energia de Deus, e é muito mais valiosa do que muitos acreditam, carregando em si a própria vida, e esta é sua missão na terra. E se essa missão é interrompida, tudo entra em desarmonia...

Logo depois, ouviram os gritos de São Francisco:

— Vamos, irmãozinhos! Vamos seguir este riacho porque ele vai dar num grande rio que atravessaremos para chegar a uma cidade do outro lado!

— Irmão Francisco, estamos perto do mar? — perguntou Lia.

— Sim, irmãzinha, e é preciso respeito com o irmão oceano, — disse ele — onde sabemos que habitam tantas criaturas maravilhosas e diferentes...

Lia lembrou-se de seu caminho na praia, há tantos anos daquele tempo...

Eles continuaram caminhando, seguindo o rio até que chegaram numa cidade pequena chamada Gubbio, onde o povo parecia muito assustado porque um lobo feroz estava atacando suas ovelhas, e até as pessoas. São Francisco ficou comovido com a situação e quis ajudar, mas todos foram logo avisando de que seria muito perigoso, pois o lobo era muito feroz. Mas os apelos das pessoas não o convenceram e ele caminhou decidido para onde estava o lobo.

Logo o encontrou frente a frente e seus amigos acreditaram que este seria seu fim... o lobo avançou em sua direção. São Francisco fez o Sinal da Cruz e o chamou, dizendo:

— "*Vem aqui irmão lobo, eu te mando da parte do Nosso Jesus Cristo que não cause nenhum mal a ninguém e a nada...*"

O lobo deitou aos seus pés, depois levantou a pata dianteira e colocou-a na mão de São Francisco.

O belo animal ficou muito amigo das pessoas do lugar.

O que bastava a todos, é que simplesmente o tratassem como outra criatura de Deus e não fizessem mal a ele ou a seus filhotes, nem à floresta em que ele vivia...

Os três amigos se despediram das pessoas que agradeciam muito felizes e continuaram o caminho à beira do riacho. Até que chegaram às margens de um grande rio onde alguns pescadores preparavam suas redes para mais um dia de trabalho.

São Francisco se aproximou de um deles e pediu que os levasse até o outro lado. O pescador concordou e Lia e Aster o ajudaram a arrastar o barco até a água. Mais adiante, no meio do rio, algumas nuvens começavam a se formar e um vento mais forte fez o barco balançar. São Francisco não demonstrou nenhum medo. Ergueu os olhos para o céu e disse:

— "Louvado sejas, meu Senhor,
pelo irmão vento e o ar e as nuvens,
e o céu sereno e toda espécie de tempo,
pelo qual dás sustento às tuas criaturas.

Aster disse à Lia:

— Tudo o que há na natureza e na vida vem no momento certo e para o bem, e nós, muitas vezes, é que não entendemos. Mesmo as tempestades chegam para renovar a vida...os ventos, para levar as pequeninas sementes ajudando as plantas a se multiplicarem... a chuva leve, que cai na terra, nutre as raízes, as folhas delicadas, mata a sede dos pássaros... Até mesmo as estações, chegam no tempo certo para que a vida complete seu ciclo natural...

Mesmo com o vento balançando o barco e o perigo de uma tempestade, Lia adormeceu ao lado do nosso santinho, que não parava o tempo, mas fazia-o mais belo, mais sublime, trazendo a paz e o conforto aos nossos corações.

Mas antes que a tempestade os alcançasse, chegaram à outra margem do rio e se abrigaram na casa dos amigos do pescador, sendo muito bem recebidos. São Francisco cantou, riu, contou histórias e Lia também contou histórias sobre o futuro. É claro que ninguém acreditava e ainda ria muito.

De repente, em meio à conversa, ouviram dizer que muitas famílias ricas daquele lugar estavam brigando entre si, há muito tempo... São Francisco imediatamente, se propôs a falar com as famílias a fim de levar a paz.

No dia da missa, ele foi à igreja e lá encontrou senhores e senhoras muito bem vestidos, esbanjando sua riqueza e luxo. Ele entrou na igreja com seu hábito velho, descalço, calmo e sorrindo... muitos o olhavam com descaso por sua aparência, mas sua energia de amor era tão poderosa, que todos se calaram diante do seu sermão. Ele disse-lhes em versos:

"Louvado sejas, meu Senhor,
por aqueles que perdoam por teu amor,
e suportam enfermidades e tribulações.
Bem aventurados os que sofrem em paz,
que por Ti, Altíssimo, serão coroados."

Parece que aquelas simples palavras tocaram profundamente seus corações...cada um as entendeu dentro de uma forma dentro do que estavam passando... e a partir dali, não brigaram mais.

São Francisco sempre começava suas pregações dizendo: O Senhor lhes dê a paz". Isso já trazia às pessoas um conforto como de um pai para ao seu filho.

Depois, pelo caminho, ele disse à Lia e Aster:

— Sabem, além da paz em nossos corações, deve haver paz em nossas famílias. A paz na família é necessária para a paz na sociedade e entre as nações. É entre as pessoas que convivemos todos os dias que experimentamos nossos próprios sentimentos...e somos reflexo do que eles são e eles do que nós somos.

Aquele tempo mágico foi passando rapidamente, Lia e Aster viviam com São Francisco como se fossem sua família e agora o acompanhavam a uma reunião de Frades Menores. Sua ordem crescera por todos os cantos e nesse dia eles se reuniram em Assis, sua querida cidade.

Cerca de cinco mil frades compareceram. Sua ordem era agora grandiosa e São Francisco estava muito feliz em rever tantos irmãos, conhecer outros, falar com eles e ouvi-los.

Todos os frades acamparam ao redor da igrejinha em pequenas choupanas feitas com galhos de árvores.

Mas Francisco, àquela época, era visto por alguns como um louco por causa de sua maneira de falar, com a doçura de uma criança, por que cantava para as flores e pregava aos animais. Quando um frade teve coragem de revelar isso a ele, ele respondeu rindo:

— O Senhor me disse que queria fazer de mim um novo louco no mundo!

Aster, ouvindo isso, cochichou no ouvido de Lia:

— Quem dera, irmãzinha, se neste mundo, realmente, fôssemos todos loucos como este homem...

Havia chegado o momento de passar o governo de sua ordem ao irmão Elias. São Francisco ficou agachado aos pés dele enquanto ele falava e, quando queria dar uma opinião, puxava sua túnica. Frei Elias curvava-se para ouvi-lo e depois transmitia suas palavras aos frades.

Quando a grande assembleia terminou, Francisco, com as mãos estendidas sobre aquela imensa multidão de irmãos frades, deu sua bênção:

— *"O Senhor vos abençoe e vos guarde,*
volte sobre vós sua face e vos dê a paz."

Depois, com voz suave, falou no final:

"Vão pelo mundo, em nome de Deus!
Onde houver ódio, levem o amor;
Onde houver guerra, levem a paz;
Onde houver tristeza, levem a alegria."

Depois de alguns dias, chegou uma jovem dama que se apresentou como Clara. Era velha conhecida de São Francisco e eles eram muito amigos. Ela havia se entregado de coração à sua causa, sonhando servir a Deus como ele. Mais tarde, ela iria se tornar Santa Clara, fundadora das Pobres Clarissas, que viviam em total pobreza e isoladas do mundo, orando sempre pelos mais necessitados, pelos doentes, pela paz e justiça no mundo.

Nas belas tardes de sol, eles conversavam no jardim falando das maravilhas de Deus e fazendo planos para levar ao mundo suas mensagens.

Clara partiu logo, mas eles sempre se encontravam para trocar experiências.

Quando chegou a época do Natal, São Francisco estava radiante! Ele adorava o Natal. Ele dizia:

— Esta é a festa das festas, na qual Deus se tornou uma pequenina criança. Fazemos o papel de mãe para Ele, quando o colocamos em nossos corações de maneira pura e sincera.

São Francisco amava o menino Jesus.

Neste dia, ele queria que os pobres e famintos fossem saciados pelos ricos, e que se desse uma porção maior de milho e feno aos bois e jumentos.

Naquele ano ele mandou preparar uma manjedoura na cidade, com feno, e que os animais fizessem parte da celebração da missa.

Pessoas vieram de muito longe para a cidade que se tornara uma nova Belém.

São Francisco cantou o evangelho e falou do nascimento do menino Jesus. Quando pronunciava a palavra "Belém", sua voz parecia o balido de uma ovelha.

Depois de algum tempo, São Francisco convidou Aster e Lia para ir à Toscana com ele. A noite chegava e eles pararam para se alimentar e dormir.

A lua, iluminava todo o vale, e São Francisco, encantado, cantou estes versos:

"Louvado sejas, meu Senhor,
pela irmã lua e as estrelas,
no céu as formastes luminosas
e preciosas e belas."

Dividiu um pão redondo e disse:

— Vejam só, para o grande e majestoso irmão sol não podemos olhar de frente, porque sua luz é muito forte, mas, para a irmã lua, podemos olhar e nos admirar com sua beleza! É como olhar para a face de tantas crianças, adultos e idosos que vemos todos os dias, que estão perto de nós. Por isso que eu digo que ela é também nossa irmã. Ela é como Maria, mãe de Jesus, que, com sua pureza e doçura, reflete a luz de Deus sobre nossos corações ...

No dia seguinte, continuaram a caminhada e logo chegaram à Toscana. Ali ele fez grandes obras e ajudou muitas pessoas que precisavam.

Mas o que aconteceu naquele lugar, iria ficar marcado para sempre na vida daquele Pobrezinho de Deus...

Numa manhã, ele acordou diferente e foi a Monte Alverne onde ficou meditando sozinho...

De repente, quando estava rezando, na clareira, ele viu à sua frente, no alto, um lindo anjo. Sua beleza estava acima de qualquer imaginação. Ele tinha as mãos estendidas e pés juntos e fixos numa cruz. São Francisco ficou cheio de felicidade e admirado com tal visão...

Depois, as marcas dos cravos de Cristo começaram a aparecer em suas mãos e pés, exatamente como via no anjo à sua frente... Além disso, apareceu também outra marca no seu lado, como se tivesse sido atingido por uma lança...

Por algum tempo, ele ficou ali, parado, em êxtase completo... e só depois voltou para perto dos outros...

Parecia todo iluminado. Em seu corpo, trazia as marcas dos estigmas de Cristo.

Dentro de si mesmo, ele descobriu Deus!

São Francisco agora estava ainda mais encantado com as obras de Deus e Lia e Aster o acompanhavam, como se o tempo voasse a espantosa velocidade, cobrindo meses e anos como se fossem horas! Eles vivenciaram com ele coisas maravilhosas!

Com o tempo, ele começou a adoecer.... contraiu uma doença dos olhos que era difícil de ser curada. Francisco estava ficando cego.

Desse tempo em diante, a doença de seus olhos foi aumentando...

Quando chegaram em uma cidade, um médico examinou seus olhos e disse que era preciso cauterizá-los. Lia ficou com muita pena do nosso irmãozinho, mas ele mesmo lhe disse:

— Não tenha medo, não vou sentir nada pois o irmão fogo é meu amigo.

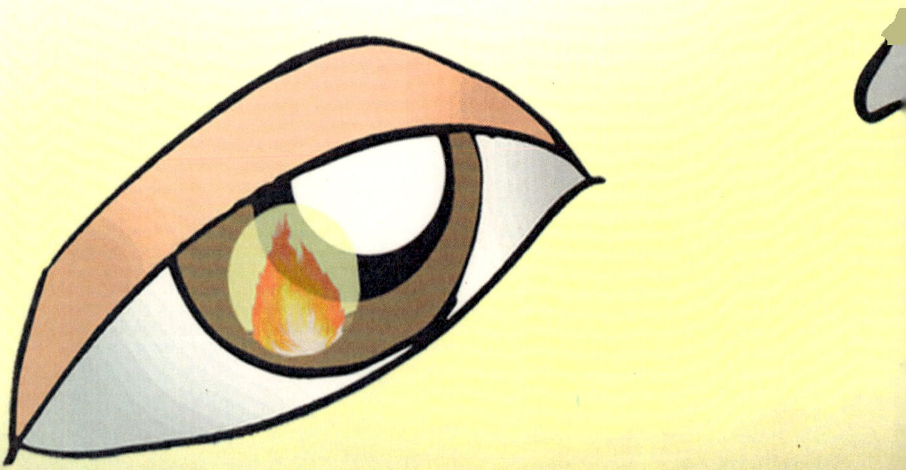

Antes de começar o tratamento, falou ao fogo:

— "Meu irmão fogo, que é muito belo e poderoso: Deus te criou forte, belo e útil. Seja bom para comigo nesta hora, pois no passado eu te amei no Senhor. Peço que não me cause dor, e que eu possa suportar-te quando me queimares suavemente..."

Assim, durante o tratamento deu-se o milagre de o fogo retribuir-lhe o amor, não lhe causando dor nenhuma.

Ainda na mesma cidade, São Francisco conseguiu um burrinho, no qual passou a viajar por todo lado, e este o levava com amor, como um guia.

— Esses singelos animais foram sempre usados como animais de carga e transporte, sem que as pessoas entendessem quão nobre é sua existência nesta terra...carregando nosso irmãozinho e também a Nossa Senhora! — disse Aster.

São Francisco, apesar de sua fraqueza e cegueira, não deixava de falar de Deus, da paz e do amor a todas as criaturas, de ajudar os necessitados e servir os doentes.

— *"É esquecendo-nos que nos encontramos!"* — Dizia ele

Mas com o tempo, havia ficado muito doente e, de volta a Assis, ditou seu testamento e contou aos frades tudo o que fizera em sua vida e falou sobre seu desejo de que suas obras se estendessem, através deles, por todo o tempo, no futuro.

Mesmo com tanta sabedoria, era um homem doce e alegre, que sofria, e cantava refletindo as dádivas de Deus e dizia que a enfermidade o estava levando de volta a Ele.

Lia estava aos pés de sua cama e desejava que o Senhor o curasse ...Francisco agora compreendia a vontade de Deus diante da aproximação de sua morte...

Foi o que ele disse, imitando o Pai Nosso:

— *"Seja feita a vossa vontade, assim na terra como no céu: que vos amamos de todo coração, pensando em vós o tempo todo, procurando a vossa glória em todas as coisas; pondo toda nossa energia e afeto da alma e do corpo somente a serviço do Vosso amor".*

Numa tarde de outubro, são Francisco fez um pedido estranho... pediu que o deitassem despido sobre a terra, numa linda clareira, em meio às árvores altas e à grama dourada pelo entardecer...

Ele convocou todas as criaturas para louvarem e amarem a Deus. Os passarinhos se reuniram onde ele estava e voaram cantando ao seu redor, como se estivessem alegres porque ele ia morar no céu, onde eles viviam, dividindo-o com eles...

Ele disse:

— "Louvado sejas,
meu Senhor,
por nossa irmã,
a morte corporal,
da qual ninguém
pode escapar."

Lia sentia um profundo vazio na alma quando Aster segurou suas mãos. Neste instante, foram subindo a alta velocidade para o céu até chegar no espaço, onde as estrelas, os planetas, luas e galáxias nos mostram nossa pequenez, mas não insignificância...

Se as pequenas aves, as pequenas flores e insetos tiveram o amor de tão grande criatura de Deus, chamado Francisco de Assis, seremos para ele então, valiosas gotas de sua expressão na Terra!

Diante do infinito universo, somos, embora pontinhos, poderosas forças de ação em todo o mundo...somos possuidores de ideias que impulsionam, sentimentos que transformam.

Pontinhos preciosos no coração de Deus e, através dele, e voltados para Ele é que podemos enxergar muito mais do que os olhos e os outros podem ver. Podemos fazer muito mais do que quando viramos as costas para as belezas e maravilhas do mundo que Ele criou. Quando enxergamos isso, que tudo é parte de nós e corpo de Deus, podemos alcançar alturas inimagináveis... e é o amor que nos faz vivenciar isso...

E quanta pureza existe no Amor... não é nada complicado. É a pureza de um pobrezinho de Deus caminhando pela terra e cantando para as flores e os animais, cuidando dos doentes, agregando amigos pelo mundo. Aqueles que pensam como ele, têm a vontade de um mundo diferente.

Lia e Aster viram a Terra rodando rapidamente lá em baixo e novamente foram puxados em direção a ela, mas Lia não conseguiu firmar suas mãos e elas se soltaram das de seu amigo perdendo-o de vista em meio às nuvens densas...

Lia foi descendo e, mais e mais, as memórias de todo aquele tempo com seu amigo iam se apagando...

A luz clara do dia ofuscou os olhos da jovem assim que ela os abriu, em sua cama. Lia não se lembrava de nada...só sentia saudade, saudade, saudade...

Mas...de quem? De onde? Haveria tido um sono tranquilo e feliz...só isso. Mesmo assim, algo havia mudado. Sentia que queria fazer muitas coisas...

Olhava o céu acinzentado lá fora e sabia que ele podia ser diferente. Isso mesmo: sentia que tudo podia ser diferente.

Levantou e foi juntar-se à sua família na mesa do café da manhã. Sua tia Graça, seu irmão mais velho e sua vó Lilina esperavam-na em meio a conversas e risos de uma manhã de sábado.

Assim que terminou, Lia saiu no jardim e viu algumas crianças rindo com celulares nas mãos na calçada. Sem pensar, andou em direção à primeira árvore à frente e disse alegremente:

— Ora, vejam só..., mas como pode? Os passarinhos não são doutores nem professores formados em ciências, mas sabem encontrar seu alimento das mais diversas formas, em todos os lugares! Como são sabidos!

Algumas crianças menores riram e se aproximaram curiosas.

— E... quem diria! Essas árvores estendem seus galhos como se pudessem abraçar o céu! Quanta beleza existe neste pequeno pedaço de terra, não é? — continuou ela enquanto as crianças esticavam o pescoço para ver os galhos mais altos.

— Estamos neste mundo para descobrir milhões de coisas interessantes! Vida que nasce de um brotinho no meio da calçada, dentro de uma folhinha enrolada... Nossa! Esta pequena larva foi enrolada nesta folha por sua mãe! Aqui está protegida de predadores e ainda tem alimento farto assim que nascem!

Neste ponto, as crianças maiores que antes olhavam com indiferença se levantaram e correram para olhar. E assim foi naquela calçada que parecia tão igual a todas as outras, exceto por aquele pedacinho de terra com plantas chamado de jardim...

Com o tempo, as crianças começaram a perguntar cada vez mais coisas, muitíssimo interessadas. Assim percorreram todo o quarteirão.

Lia estava admirada: de onde haveria tirado tanta imaginação e intuição para mostrar a eles tudo aquilo?

Alguns flashes lhe vinham à mente e, de repente, lembrou-se de uma frase que alguém havia dito:

—" *Se o homem souber amar, jamais causará mal a nenhum ser, ao planeta, que é seu lar, aos seus irmãos e irmãs...* "

E entendeu então o que, inconscientemente, estava fazendo.

Conforme ia caminhando com as crianças, parecia que Lia despertava algo dentro delas...

Depois da feliz caminhada, voltou à sua casa e sentou-se com sua vó para conversar. Dona Lilina, uma senhora doce e muito sábia, ouviu-a com atenção:

— Vó, — disse a menina — acordei hoje com uma sensação muito estranha! Lembro-me de alguém que não conheço, de coisas como uma vida inteira vivida numa noite...e meu coração está repleto de amor e compaixão pelo mundo todo!

— Ai, minha "fia" — respondeu a velhinha — são nossos sonhos que nos contam coisas que "nóis num "se alembra" mesmo "despois" que acorda" ..." coisa do mundo de Deus...que nóis revive dentro da nossa alma" ...

Amaralina era o nome daquela senhora e bem se via que era pessoa vinda da roça, da humildade de quem convive muitos anos com a natureza. Gostava de ler, mas fazia questão de manter seu sotaque caipira.

Lia ouvia tudo com ansiedade, como a esperar todas as respostas em cada palavra:

— Com nossa alma, "nóis" pode ir pra qualquer canto que desejar ..., mas dependendo dos desejos que "nóis" tem no coração viu? — disse ela cautelosa — "Nóis" podemos conhecer pessoas e até falar com os nossos anjos da guarda, mas "dispois" é "dificir" de lembrar porque nossa cabeça acordada "num" deixa!!

— Mas vó...— perguntou ela — mas se a gente não lembra, porque sonhamos com eles?

— Por que, "fia", — continuou a vó, com doçura — o que importa, é isso que "ocê" tá sentindo aí no coração...e o que faz, o que fala "dispois" que sonha com eles...muita coisa muda dentro da gente quando se encontra com os anjos enquanto dorme..." ocê" entende?

É o resultado dos ensinamentos que eles passam pra "ocê"!

— Vó, eu quase me lembro de um homenzinho sorridente, que vivia cantando e recitando versos para a natureza..., mas...que coisa! Nada mais me aparece na memória...— disse Lia indignada.

A avó levantou-se e levou-a ao seu quarto, onde guardava muitas coisas valiosas de lembrança. Subiu num banquinho de madeira e pegou um livro branco, bem grosso, numa prateleira, assoprando a poeira do tempo.

Sentou-se na cama e Lia ao seu lado, curiosa, queria saber o que de tão importante poderia haver em tantas páginas.

— Aqui, tudo quanto é gente boa foi lembrada, "fia" ...— resmungou baixinho a senhora, como que a guardar o segredo do mundo...e era mesmo. — "Oia" ...

Quando abriu as primeiras páginas, com belíssimas ilustrações e textos de letras grandes, Lia foi observando uma série de retratos de rostos conhecidos, como Madre Teresa, Gandhi, e tantos outros...pacifistas, cientistas, filósofos...grandes líderes humanistas...

A avó sorria, como que a incentivar a lembrança ou a imaginação de sua neta.

— Nossa, vovó... como existiram tantas pessoas maravilhosas no mundo! Veja! Uma enfermeira que enfrentou a guerra para ajudar os soldados feridos! E este homem! Se sacrificou para salvar as baleias! — dizia Lia bem empolgada com as descobertas.

— Isso, "fia" ... foram almas iluminadas, que vieram ao mundo para mostrar como "nóis" podemos ser muito bons quando queremos! E que cada dia e cada minuto conta pra tornar este mundo um lugar "mió" pra "nóis tudo"! No mundo todo, tem os santos de todos os dias, nos lugares mais diferentes que "ocê" pode imaginar... e ninguém nem percebe eles e eles mesmos nem ligam de ficar famosos: como um bombeiro que entra no meio do fogo pra "sarvá" as pessoas... "óia", é todo dia. Ou então, aquelas enfermeiras que passam a noite cuidando das dores dos doentes nos hospitais... não é? É muita coisa boa no mundo...— completou a avó muito emocionada.

— Puxa...e a gente só fica pensando no que há de errado, que só existe coisa ruim, né...— respondeu Lia refletindo.

— É "fia" ... a gente pensa assim sim...muitos querem que "nóis" acreditemos isso. E não entendem a beleza do que “nóis tem” em todo lugar ...” inté” mesmo dentro de “nóis”! — disse a avó no tom mais doce e suave de todas as vozes.

E “nóis” temos que entender isso porque é como se “nóis fizesse” parte de um grande “girassór”, aquela flor grande e “bunita” e que cada um fosse uma pétala dele! Somos todos parte do grande “girassór do mundo, fia”!

Lia foi seguindo até o finalzinho do livro e chegou a uma página onde uma bela ilustração mostrava um homem de braços abertos, de aparência frágil como um pássaro. Ele caminhava em meio às flores e animais. Por trás dele, o sol brilhante se levantava anunciando um novo dia.

Logo abaixo da ilustração havia um cântico que o autor mencionava ter sido composto por aquele homem:

"Louvado sejas, Senhor,
no conjunto de todas as tuas criaturas,
especialmente o senhor, irmão Sol,
pois ele é dia
e nos ilumina
por si".

Lia deu um salto e começou a pular de felicidade gritando:

— Olha vó! Eu sabia! Eu sabia! Eu estive com São Francisco de Assis! Foi maravilhoso! Estivemos com ele a vida toda!!

— Mas como, Lia!? "Ocê" tava aqui dormindo! — riu a velhinha.

— Eu não sei como, mas com ele aprendi tantas coisas maravilhosas!

— Ai...eu acredito "no cê, fia", acredito sim...Esse é São Francisco, que foi o maior de todos os protetores dos animais e plantas...e contam que até um lobo feroz ele acalmou ... e que chamava a todas as criaturinhas de irmãos e irmãs! Ele deixou neste mundo os ensinamentos de como fazer um mundo perfeito em comunhão com a natureza!

Lia não podia acreditar naquilo! Com seria possível ter convivido com aquele ser divino?

— Mas...ocê disse "estivemos" com ele. "fia"? "Ocê" e mais quem? — perguntou a avó.

Lia não se lembrava...só sabia que, graças a essa pessoa misteriosa, tinha voltado ao passado e conhecido São Francisco.

Lia correu para seu quarto e pegou um caderno e lápis para escrever tudo o que havia sonhado ou vivido aquela noite especial.

Folheou mais algumas páginas do livro de sua avó e conversaram bastante sobre muitas coisas boas que existem no mundo.

Depois, dona Lilina foi guardar o livro e, ao colocá-lo na prateleira, do meio de um velho álbum de fotos, um retrato caiu, descendo suavemente levado para os pés da moça com o vento da janela aberta.

Ao pegar do chão a fotografia, já ia entregar à avó quando levou um susto imenso ao olhar para a foto. Perguntou quase gritando:

Vó!! Quem é esse rapaz??

— Ahh...esse moço "fia" ... — respondeu dona Lilina triste — era um sobrinho muito querido que se foi morar com os anjinhos do céu...foi estranho...ele era diferente, sabe, muito bonzinho, sabia muitas coisas de Deus...

— Ele "era"? — indagou Lia confusa.

— Era, Lia...morreu cedo, bem novo... "inté" parece que só veio cumprir missão de trazer felicidade pra "nóis tudo" aqui da família...

Agora Lia entendia...e se lembrava do seu amigo de viagem, aquele que a acompanhara por uma vida de oito horas caminhando junto ao ser mais belo que ela já havia conhecido, São Francisco de Assis....

A avó ainda lhe mostrou belos poemas do jovem rapaz nos quais ele contava que em nosso mundo existem muitos São Franciscos que nos passam despercebidos nas cidades, nos campos... trabalhando para que haja justiça, amor, compreensão, respeito por todas as criaturas...

Que essa gente espalha as sementes através desses exemplos fraternos...pois o bem traz o bem.

E que toda pessoa é santa quando ama, compreende, protege, reconcilia, ensina, divide, supera e faz pequenos sacrifícios diários em favor de um mundo melhor...

E, assim como São Francisco reconhece uma parte de Deus dentro de si.

Atrás da foto de Aster, tirada num belo dia de sol, num lugar onde havia muitas árvores, estava escrito:

"É amando que aprendemos a dizer
Sempre e Eternamente"

São Francisco de Assis.

FIM

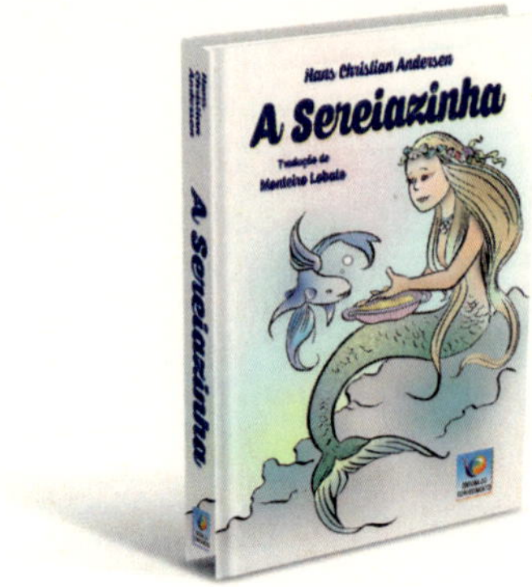

A SEREIAZINHA

Hans Christian Andersen

56 páginas – ISBN 978-65-5727-055-4

Esta é a verdadeira história da Sereiazinha, completa e original, tal como a escreveu Andersen, – não a que tem sido modificada em versões escritas e animadas. Toda sua beleza e encanto foram preservados na primorosa tradução de Monteiro Lobato. Uma das mais famosas histórias do gênio dos contos infantis, vem encantando crianças e adultos do mundo inteiro há mais de dois séculos.

FRANCISCO DE ASSIS

foi confeccionado em impressão digital, em agosto de 2021

Conhecimento Editorial Ltda

(19) 3451-5440 — conhecimento@edconhecimento.com.br

Impresso em Luxcream 80g – StoraEnso